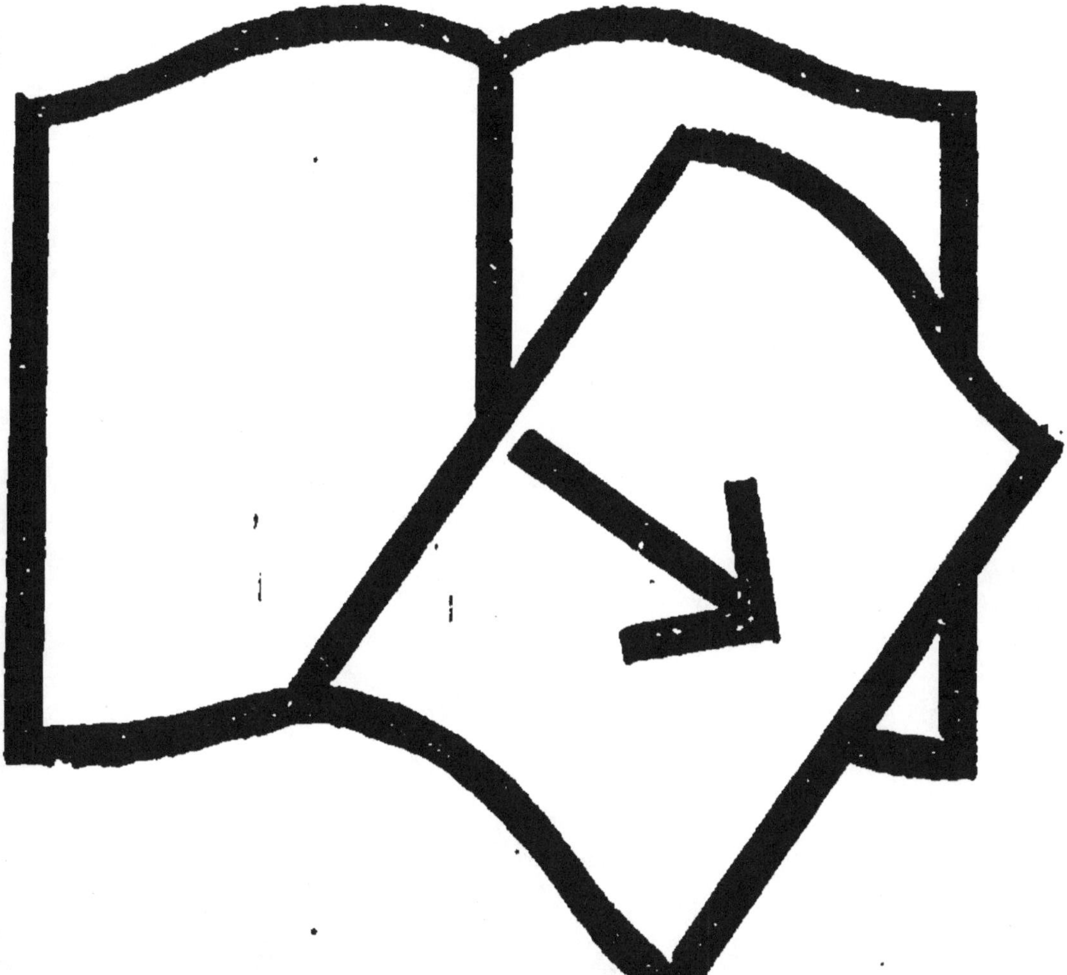

Couvertures supérieure et inférieure
manquantes

LE CHATEAU DE SAINT-PRIVAT-DU-GARD

LE CHATEAU

DE

SAINT-PRIVAT-DU-GARD

FRAGMENT D'HISTOIRE LOCALE

PAR

G. CHARVET

DE L'ACADÉMIE DU GARD

UZÈS

IMPRIMERIE DE H. MALIGE

1867

LE CHATEAU DE SAINT-PRIVAT-DU-GARD [1]

En remontant le cours du Gardon, à partir du Pont-du-Gard, on suit, pendant une demi-lieue environ, le fond d'une vallée étroite dont l'aspect, au dire des artistes et des voyageurs, offre une ressemblance frappante avec les plus beaux sites du Péloponèse. Cette vallée débouche vis-à-vis du château de St-Privat, vieille construction, dans laquelle on retrouve des vestiges de toutes les époques.

Le château est situé dans une position romantique, sur la rive droite de la rivière. En face, sur le bord opposé, se dresse une sorte de falaise [2] de deux cents pieds de haut, splendidement colorée des teintes du couchant.

---

[1] Dans les anciennes chartes, l'abbaye et le château de St-Privat sont désignés sous les noms de *abbatia Sancti Privati de Garcio; castrum Sancti Privati de Garcio.*
[2] Cette falaise porte le nom de Roque-Soumagne ou Mal-Pas.

Le château de St-Privat, construit sur les ruines de l'abbaye du même nom, a été de tout temps renommé pour les agréments et la beauté de sa situation. Ce lieu a dû même être habité par des familles romaines, ainsi que le témoignent l'existence de quatre pierres sépulcrales et d'une pierre votive, dispersées autour de l'habitation, et pusieurs colonnes provenant d'un édifice romain; ces dernières furent employées, par les fondateurs de l'abbaye, à l'ornementation de leur église, dont il ne reste que la crypte qui sert aujourd'hui de cave. Deux de ces colonnes sont actuellement placées à droite et à gauche de la grille d'entrée; deux autres sont gisantes dans la cour, et leurs chapiteaux ont été dispersés dans le jardin.

S'il fallait en croire M. H. Rivoire (1), le poète Sidoine Apollinaire, qui fut évêque de Clermont dans la seconde moitié du v⁰ siècle aurait, dans ses lettres, fait mention de Vers et de St-Privat, en ajoutant que ces lieux faisaient, de son temps, les délices des familles romaines qui les habitaient.

Cette affirmation ne repose sur aucune preuve. Sidoine Apollinaire, dans sa correspondance (2), cite, en effet, pour l'avoir vue et habitée, une maison de plaisance que son parent, Tonance Ferréol, préfet des Gaules de 450 à 453, possédait sur les bords du Gardon. Cette maison de campagne, appelée *Prusianum,* était située sur la grande voie de Nimes à Clermont, au pied des Cévennes, à l'endroit désigné aujourd'hui sous le nom de Brésis (*Bresium*), sur le territoire et dans le voisinage d'Alais (3).

Un diplôme de l'année 1156, concédé à Raymond de Sabran ou de Posquières, évêque d'Uzès, par le roi de

---

(1) *Statistique du Gard,* t. II, p. 748.
(2) Livre II, épître 9.
(3) Ménard, t. I, p. 68 et 69.

Franco Louis VII, le Jeune, confirme les possessions de l'évêché d'Uzès, en les désignant nominativement. Dans cette énumération sont compris : le domaine ou tènement de l'Estel (1) (*Honorem de Estel*); — tout le lieu de Valliguières et celui de Melmont (?) et ses dépendances *(Villam de Valleaquaria totam et villam de Montibus cum pertinentiis suis);* — l'abbaye de St-Privat du Gard *(abbatiam sancti Privati de Garcio);* — le prieuré de St-Nicolas de Campagnac *(prioratum sancti Nicolai de Campagnaco);* — le lieu ou hameau de St-Eugène (2) *(villam sancti Eugenii);* etc....

Dans le même diplôme, Louis VII confirme les concessions faites par ses prédécesseurs, Raoul et Louis IV, à l'église d'Uzès et reconnaît à ses évêques des droits d'usage *(utilis)* et seigneuriaux sur le lieu de Vers (3).

Les évêques d'Uzès ont conservé la seigneurie de Vers jusqu'à la fin du xviiie siècle, mais le domaine de St-Privat ne tarda pas à tomber en des mains séculières.

Nous trouvons, en effet, un Raymond de St-Privat parmi les vassaux que Raymond V, comte de Toulouse, donna pour caution de sa promesse le 1er juin 1163, lorsqu'il prit sous sa protection le jeune Bernard Athon VI, vicomte de Nimes, et qu'il conclut la paix avec Trencavel, oncle paternel du vicomte (4).

---

(1) Cette portion de territoire qui s'étend, du côté du midi, au pied de la colline sur laquelle est assis le village de Castillon-du-Gard, n'a pas changé de dénomination. C'est une petite plaine graveleuse, couverte de vignes, comprise entre la colline de Castillon et le Gardon.

(2) Saint-Eugène, hameau situé dans la vallée de l'Alzon, près d'Uzès, entre Saint-Maximin et Sagriès. Il n'en reste que les ruines de l'église, adossées à une maison d'exploitation rurale.

(3) Dom Vaissette, t. ii, preuves, col. 561.

(4) Dom Vaissette, t. ii, p. 512.

Le marquis d'Aubais (1) cite pourtant un Raymond, abbé de St-Privat en 1164.

On trouve encore dans les chartes : Pons de St-Privat, le 1er octobre 1180 (2); Rostaing de St-Privat, au mois de mars 1190 (3), le 12 juillet 1210 (4) et le 15 des kalendes d'août de la même année; et un autre Pons de St-Privat, au mois de mars 1243 (5).

Au reste, l'existence d'une famille noble du nom de St-Privat, occupant le château et ses dépendances sous la suzeraineté des évêques d'Uzès, s'explique parfaitement et ne présente aucune contradiction.

On lit dans la *Statistique du Gard*, précédemment citée, que vers 1187, les chrétiens ayant été chassés de Jérusalem par les musulmans, les chevaliers du Temple se répandirent en France, qu'ils y reçurent de Bertrand, évêque d'Uzès, plusieurs dotations, entre autres celle de St-Privat et qu'ils conservèrent ce domaine jusqu'au commencement du xive siècle, où leur ordre fut supprimé.

M. Rivoire est, à ce que nous croyons, le seul auteur qui soutienne cette opinion, et il ne cite pas les documents sur lesquels il s'appuie pour avancer ce fait. Nous devons avouer que toutes nos recherches nous ont conduit à admettre, au contraire, que, dans le courant du xiiie siècle, le domaine de St-Privat fut régi par des seigneurs laïques, et Ménard, lui-même, garde le plus profond silence sur l'occupation de St-Privat par les Templiers. Quelques-uns croient pouvoir se fonder, pour accepter cette version comme vraie, sur ce que St-Privat était un des patrons des che-

---

(1) Pièces fugitives, t. I, p. 331.
(2) Dom Vaissette, t. II, p. 150.
(3)   Idem.   p. 166.
(4)   Idem.   p. 224.
(5)   Idem.   p. 421.

valiers du Temple. Les faits qui suivent démentent cette opinion.

Le 13 janvier 1205, Odol et Ponce de Gaujac *(de Gaudiaco)* damoisels, fils de Guilherme de Gaujac, chevalier du château ou fort de Remoulins, font hommage à Bermond, seigneur d'Uzès et d'Aimargues, du château de St-Privat, de ses dépendances et de l'île Garonie *(Garonia)* ou Coasse, située au-dessous du Pont-du-Gard (1).

Par un acte de reconnaissance daté des ides de mars 1248, Arnauld de St-Privat confesse tenir de Decan, seigneur d'Uzès, tout ce qu'il possède dans la ville de Vers et son tènement, sous l'albergue de deux chevaliers et ce qu'il tient à titre de fief *franc et honoré* dans le lieu de St-Privat (2).

Aux ides de mars 1258, Raymond de Masmolène fait aussi hommage à Decan de tout ce qu'il possède à St-Privat (3).

Le 6 octobre 1273, Amalric de la Roche, au nom de dame Raymonde, sa femme, reconnaît tenir du même Decan, à titre de fief franc et honoré, la ville de St-Privat et ses appartenances (4).

Le 7 des ides de juin 1289, Raymond de la Roche, fils d'Amalric, fait à Jean de la Roche, son frère, donation de la moitié du château de St-Privat, sauf réserve des droits du vicomte d'Uzès, suzerain dudit château (5).

Le 16 des kalendes de juillet 1293, Raymond Milon, seigneur de St-Privat, baille à titre de *nouvel achat* ou *emphytéose perpétuelle*, à Raymond d'Aramon, damoisel,

---

(1) Archives de Remoulins.
(2) Archives de St-Privat.
(3)   *Idem.*
(4)   *Idem.*
(5) Archives de Remoulins.

consul des nobles, et Guillaume Auriol, consul des non-nobles de Remoulins, agissant au nom de la communauté, une montagne et plaine contiguës appelées la Coasse et situées au-dessous du Pont du Gard (1).

Ce qui, selon nous, confirme le plus l'opinion que St-Privat n'a jamais été occupé par les Templiers, c'est que le 3 janvier 1303, à la mort de Milon, sans doute, et six ans avant la suppression de l'ordre du Temple, le tènement de la Coasse tomba en main-morte, fut saisi et passa entre les mains du roi ; de sorte que les consuls de Remoulins voulant, plus tard, en obtenir main-levée, durent, le 24 mai 1371, payer au sénéchal la somme de cinquante livres pour droit d'amortissement (2).

Cinq ans après la saisie du tènement de la Coasse, nous retrouvons la famille de la Roche investie de la seigneurie de St-Privat. En effet, le 19 octobre 1308, certains particuliers de Remoulins et de Vers font, au profit de Brémond de la Roche, seigneur de St-Privat, diverses reconnaissances pour quelques pièces de terre situées la plupart dans l'île Garonie ou Coasse (*insula Garonia sive Coassa*) (3).

Le 10 octobre 1324, Hermengaud, damoisel et coseigneur de St-Privat, fait hommage à Robert, vicomte d'Uzès, de tout ce qu'il possède à Vers sous l'albergue de deux chevaliers et de tout ce qu'il tient à fief franc et honoré dans le lieu de St-Privat et dans l'île Garogne (*Garoyna*), autrement appelée Coasse (4).

Hermengaud avait dû, sans doute, après la mort de Brémond de la Roche, épouser Peyronne Raimbaud, veuve du défunt, car il intervint, avec cette dernière, comme ad-

---

(1) Archives de Remoulins.
(2)   *Idem.*
(3) Archives de St-Privat.
(4)   *Idem.*

ministrateur des biens de Bertrand de la Roche, damoisel, fils de feu Brémond, dans l'acte de fiançailles de Raymonde de la Roche, sœur dudit Bertrand, avec Guillaume Rabasse, damoisel de Remoulins (1).

Bertrand de la Roche, beau-frère de Guillaume Rabasse eut, par la suite, une fille, Delphine de la Roche, qui épousa Alzias (Auzias ou Eléazar), vicomte d'Uzès. Le domaine de St-Privat devint ainsi la propriété de la maison d'Uzès, qui l'inféoda, vers le milieu du xive siècle, à Guy de Prohins.

Guy de Prohins, seigneur de St-Privat, était sénéchal de Beaucaire en 1366. Il fut employé contre les *Grandes Compagnies* et prit part à une action contre les *Routiers*, le 14 août 1366, près de Montauban. Les troupes royales furent défaites et Guy de Prohins blessé et fait prisonnier (2). Amédée des Baux le remplaça dans sa charge de sénéchal de Beaucaire, qu'il n'avait pas conservée un an.

Guy de Prohins dut rester prisonnier pendant plusieurs années, puisque nous voyons que le 4 octobre 1369, les consuls de Remoulins présentèrent pour *bannier* de la Coasse, à dame Gailharde de Durfort, épouse de Guy de Prohins, le nommé Jean Christol de Castillon, « ne pouvant « le présenter audit seigneur Guy *à cause de son absence.* »

La dame de St-Privat ayant consulté messire Durand, abbé d'Aniane, et messire Guy de Sarragnac, chevalier de l'ordre de St-Jean de Jérusalem, accepta ledit bannier. Il fut convenu dans l'acte que le mas de la Coasse étant *détruit*, il n'était pas sûr, à cause des troubles du royaume et des hasards de la guerre, de déposer dans ledit mas le montant des gages ou *bans* perçus par le garde, et que

---

(1) Archives de St-Privat.
(2) Ménard, t. ii, p. 285-286.

l'argent qui en proviendrait serait porté à Remoulins (1).

Guy de Prohins était de retour à St-Privat en 1375, puisqu'il y reçut, le 30 octobre de cette année, le serment d'un autre bannier nommé Jean Jacot (2).

Vers l'année 1380, Raymond de Prohins, fils de Guy de Prohins et de Gailharde de Durfort, avait succédé à son père comme seigneur de St-Privat.

Raymond de Prohins était un pauvre gentilhomme campagnard, n'ayant pour tous revenus que ceux de quelques maigres terres à Remoulins et du domaine de St-Privat, qui devait alors être bien minime. Ruiné comme la plupart de ses pareils, tant par de folles dépenses que par les extorsions des mandataires de la royauté, il se mit à la tête d'une bande de révoltés, désignés sous le nom de *Tuchins*.

Au printemps de 1383, Raymond de Prohins, que Ménard appelle Mondon de Prohins, prit de force et par escalade le village de Lédenon et y mit cent lances de garnison, après avoir commis dans ce lieu toutes sortes d'inhumanité, de violences et de pilleries. Maître de cette position, il faisait enlever tout ce qui lui tombait sous la main sur la route de Nimes, jusqu'aux portes de cette ville et, soutenu par les vicomtes de Turenne et d'Uzès et le bâtard du Cailar, faisait transporter son butin à Beaucaire.

Les consuls de Lédenon en donnèrent avis à la Cour du Pape (3). Raymond fut excommunié.

Au commencement de décembre de la même année, la bande que dirigeait Raymond et qui s'était établie dans le château de St-Quintin, près d'Uzès, vint faire des courses dans le territoire de Nimes, et passa au pied du prieuré de

---

(1) Archives de Remoulins.
(2) Archives de Remoulins.
(3) Ménard, t. III, p. 31.

St-Nicolas-de-Campagnac, sans en faire le siége (1).

Le pillage et les rapines ne contribuèrent pas à enrichir le seigneur de St-Privat, car on le voit, à diverses reprises, avoir recours à des expédients pour se procurer les ressources indispensables.

En 1383 il intente un misérable procès à la commune de Remoulins, au sujet des limites du droit de pêche sur le Gardon (2).

Le 4 mars 1392, un arrêt du siége présidial de Nimes le condamne pour avoir enfreint l'acte emphytéotique de 1293, en vendant à divers particuliers de Bezouce les herbages du tènement de la Coasse (3).

Le 20 décembre 1392, Raymond convertit en vente définitive, au profit des habitants de Remoulins, moyennant une somme de 60 livres tournois, le bail perpétuel consenti par Raymond Milon en 1293 (4).

Cependant la détresse du seigneur de St-Privat était loin de s'amoindrir, car nous le trouvons, le 26 mai 1396, occupé de nouveau à arracher un lambeau de son domaine au profit des habitants de Vers, comme il l'avait fait quatre ans auparavant, au profit de ceux de Remoulins.

Les faibles ressources que ces diverses ventes avaient procurées à Raymond furent bientôt absorbées, et le mauvais drôle, poursuivi à l'instance de Hugues de Laudun, seigneur de Montfaucon, et de Blanche d'Uzès, sa femme, dont il était le principal débiteur, fut condamné, par sentence de la Cour apostolique du Camérier de Rome, de la Cour du petit scel de Montpellier, du Parlement de Languedoc et du Châtelet de Paris, à payer aux époux de Laudun la somme de 212 florins d'or.

---

(1) Germer Durand. — Le prieuré et le pont de St-Nicolas-de-Campagnac, p. 19.
(2, 3 et 4) Archives de Remoulins.

Poussé jusque dans ses derniers retranchements, Raymond promit, par acte du 6 juillet 1399, de s'exécuter dans un délai fixé; mais le terme arriva, les jours et les mois se passèrent et le seigneur de St-Privat trouvait toujours quelque prétexte dilatoire pour éluder les sentences qui pesaient sur lui et retarder le paiement exigé par sa condamnation, et répondait par des insolences aux sommations du Saint-Siége. Le chambellan de la Cour apostolique se vit donc obligé, par une ordonnance du 16 février 1400, appuyée par des lettres du sénéchal de Nimes en date du même jour, de faire procéder à la vente à l'encan de tous les biens que le condamné possédait dans la juridiction de Remoulins.

Cette vente eut lieu le 24 mai suivant; Robin de Laye, sergent d'armes de Bezouce, se porta acquéreur des biens de Raymond, pour le compte, sans doute, de Jean Folcherand, seigneur de Lussan et lieutenant du sénéchal, car il les lui remit immédiatement après, et ce seigneur se trouva ainsi possesseur, à Remoulins, des biens qui avaient autrefois appartenu à la famille d'Aigremont, et de quelques menus droits sur le port et la juridiction de Remoulins, cédés ensuite aux Rabasse, et qui, de là, passèrent à la seigneurie de Fournès.

La condamnation de Raymond entraîne la confiscation de la terre de St-Privat, laquelle retourne à la maison d'Uzès, de qui Raymond et son père la tenaient en fief; Raymond de Prohins, Gailharde de Durfort, sa mère, qui vivait encore, et Guillaume de Prohins, son fils, disparaissent du pays, et dès la première année du quinzième siècle, nous trouvons Robert d'Uzès portant, avec ses autres titres, celui de seigneur de St-Privat (1).

(1) Archives de St-Privat. — Acte du 31 décembre 1401, portant ratification de la vente à l'encan des biens de Raymond de Prohins.

La terre de St-Privat fut l'objet de plusieurs mutations dans le courant du xv⁰ siècle.

Robert d'Uzès la vendit, le 14 mai 1411, à noble dame Isabelle Reynaud, fille de feu noble Arnaud Reynaud de Montpellier et épouse de Guillaume Sachet, chambellan de très illustre prince le duc de Berry et d'Auvergne, pour le prix de 1,200 écus d'or, chaque écu valant 22 sols 6 deniers tournois, monnaie courante du royaume de France, et sous réserve de l'hommage et serment de fidélité et du baiser de paix (*osculum pacis*) dû au seigneur d'Uzès. On mit aussi pour condition que la dame Isabelle ou ses successeurs pourraient céder et bailler, à titre de nouvel achat ou emphytéose, les terres situées dans la juridiction de St-Privat, excepté à des clercs, chevaliers, personnes religieuses ou communautés (1).

Cette vente fut ratifiée le 16 mai suivant par Delphine de la Roche, mère de Robert, par Egidia (*Gilette*) de Présimac (?), sa femme, et Pierre d'Uzès, son frère. Raymond de Campis, damoisel de Remoulins, châtelain et bailli de St-Privat pour le vicomte d'Uzès, fut remplacé dans ses fonctions par Raymond de la Combelle, qui en prit possession au nom de la dame Isabelle Reynaud.

Le domaine ne tarda pas à passer en d'autres mains :

Le 5 septembre 1423, la dame Sachet, devenue veuve et représentée par noble Jean de St-Michel, son procureur fondé, revendit la terre de St-Privat à Jean Planterose, vicomte de Pont-Audemer, en Normandie, et à Jean Henry, receveur de Bayeux, moyennant la somme de *neuf cents florins*, monnaie courante d'Avignon. Le domaine fut partagé entre les deux acquéreurs, qui le possédèrent de concert jusqu'au 13 mars 1451, époque à laquelle

(1) Archives de Remoulins.

Jean Henry, l'un des coseigneurs, fit à Jacques Faret, héritier substitué de noble Perrette de Langres, veuve de noble Jean Jus, donation de la moitié du fief de St-Privat, sous réserve de l'usufruit et à la condition que ledit Jacques Faret habiterait, avec sa femme, le château de St-Privat et aurait pour le donateur *les égards et les soins qu'un fils doit à son père* (1).

L'acte qui contient cette donation fut dressé dans l'ermitage de la Vallaurière, près de la chapelle, en présence de Pierre Martin, moine, prêtre et ermite ; frères Philippe Alveredi et Jean de la Nouë, ermites, demeurant avec frère Martin et Pierre Chabannier, prêtre et prieur de St-Privat.

La famille Faret est originaire d'Asti en Piémont. Une branche de cette famille resta à Avignon, où elle existait encore en 1611, en la personne de noble Melchior Faret, premier consul de cette ville. Quelques actes passés dans le comtat Venaissin et diverses chroniques donnent à cette famille le nom de Fallet. César Nostradamus, fils du fameux astrologue Michel Nostradamus, médecin de Charles IX, en fait mention en ces termes dans sa *Chronique de Provence* :

« Les Fallets sortis du Piedmont et vrais gentilshommes,
« comme le timbre posé sur le portail de leur antique
« maison tesmoigne assés avec la devise AVTANT ET
« PLVS, portent d'*azur à trois bandes d'argent* » (2).

Les armes des Farets de Languedoc sont aujourd'hui : *bandé d'argent et de gueules* (3).

Cette maison fut maintenue dans sa noblesse par M. de Besons en 1667, et par jugement souverain du 19 décem-

---

(1) Archives de St-Privat.
(2) César Nostradamus. — *Chronique de Provence*, Aix, 1611, in-fol., quatrième partie, p. 415.
(3) Louis Laroque. — *Armorial de Languedoc*.

bre 1668. Le 1ᵉʳ mars 1777 et le 6 octobre 1783, les Farets obtinrent les honneurs de la cour.

A la mort de Jean Planterose, la succession de ce seigneur, comprenant la moitié du domaine de St-Privat, revint, faute d'héritier, à la maison suzeraine d'Uzès et fut attribuée en dot à Guiote, sœur du vicomte Jean d'Uzès, lors de son mariage avec Michel de Valpergas, seigneur de Caumont.

Le 10 mai 1459 fut passé entre les deux coseigneuresses de St-Privat, Guiote d'Uzès et Adelaïde Soyberte, veuve de Jacques Faret, un acte de délimitation duquel il résulte que la dame de Caumont possède, entre autres choses, dans le territoire de St-Privat : — 1º Une terre au quartier de l'Abadye ; — 2º Un casal situé du côté de la chapelle ou église Notre-Dame ; — 3º Une aire contiguë à ladite église, s'étendant jusqu'au Gardon et comprenant tout ce qui existe à partir de l'église du côté de l'orient, jusqu'au grand fossé qui bordait l'ancien mur des fortifications ; — 4º Une certaine *motte* située près du château, à l'occident, et contiguë à la terre de l'Abadye. Il est en outre stipulé que la partie des fossés du château comprise à l'extrémité du *tinal* de la dame de Caumont et s'étendant du côté du *vent droit* (le nord), jusqu'à l'église de St-Vérédème, appartient à ladite dame (1).

A la fin du xvᵉ siècle, on trouve pour châtelain et coseigneur de St-Privat, comme tenancier de la portion du domaine appartenant à Guiote d'Uzès, un certain Jean des Isles qui, au mois de février 1498, fut commis par le seigneur de Chabannes, lieutenant-gouverneur du Languedoc, pour accompagner dans leur route et les empêcher de commettre des désordres, 1800 *laccais* gascons, retournant des

(1) Archives de St-Privat.

frontières de Lombardie, à la suite de l'expédition de Charles VIII, contre le royaume de Naples (1).

Guiote d'Uzès dut mourir sans enfants, car nous retrouvons au XVIe siècle la famille de Crussol investie de la portion du domaine de St-Privat attribuée en dot à cette dame.

Au commencement du XVIe siècle, vivait au château de St-Privat, Pierre Faret, fils de ce Jacques Faret qui, en 1451, avait reçu en donation de Jean Henry, coseigneur de St-Privat, la moitié du domaine.

Devenu veuf, Pierre Faret avait épousé en 1506 et dans un âge déjà avancé, Simonne Blanchon, fille d'un bourgeois d'Uzès ; il en eut deux fils et deux filles et mourut dans sa maison de Remoulins, au mois de décembre 1511. Il fit son héritier universel Jacques, son fils aîné ; Honorat, son fils cadet, ne reçut, pour sa part, qu'une somme de trois cents florins ; mais le père stipula, à l'égard de ce dernier, que si, parvenu à l'âge convenable, il voulait se destiner à suivre les cours des écoles, son frère Jacques serait obligé de l'y *entretenir, nourrir et vêtir selon son rang*, jusqu'à ce qu'il eût terminé ses études et qu'il fût pourvu d'une charge qui assurât son existence (2).

Honorat dut être envoyé par son tuteur et son oncle, Jean Blanchon, jurisconsulte d'Uzès, soit à l'université de Montpellier, soit à celle de Toulouse, et c'est là, sans doute, qu'il puisa les principes des nouvelles doctrines qu'il introduisit ensuite dans Remoulins.

---

(1) Ménard, t. IV, p. 56, et *Preuves*, p. 70.

(2) Item, plus voluit, jussit ac ordinavit dictus testator quod si dictus nobilis Honoratus Fareti velit sequi Scholas, dum œtatem pervenerit, quod dictus suus hœres infra scriptus teneatur et debeat ipsum intertenere in Scholis; ipsumque nutrire, vestire et alimentare honesté juxta statum personæ suæ, facultatemque bonorum suorum donec et quousque beneficialis fuerit et sibi provisum de aliquo beneficio ex quo honeste vivere et se intertenere possit.

(Archives de St-Privat. — Testament de Pierre Faret.)

En 1538, Honorat Faret était parvenu à sa trentième année. Depuis quatre ou cinq ans déjà, il devait avoir terminé ses études et était de retour à Remoulins, y apportant la fougue et l'ardeur de la jeunesse et l'enthousiasme qui anime les partisans des nouveautés. Il se lia étroitement avec le notaire, Loys Colet, qui partageait ses convictions, et ces deux hommes, usant tour à tour de l'ascendant de leur instruction et de l'influence qu'ils devaient à leur position relativement élevée, formèrent, dans la commune, un noyau d'hérésie qui se développa rapidement.

Il est prouvé, par des informations que, vers ce temps-là, déjà, le château de St-Privat était devenu l'asile des partisans de la nouvelle religion. Par sa position isolée, ce lieu était, en effet, éminemment propice aux réunions clandestines. Aussi, n'y avait-il pas de ministre venant de Genève qui n'y prit sa retraite et l'on y tenait de fréquentes assemblées (1).

C'était, à ce qu'il paraît, une forteresse très sûre à cette époque, et on y avait même, par la suite, ajouté un ravelin (2).

Durant les troubles qui suivirent, les portes en furent toutes murées, à l'exception d'une seule, très petite, qui servait d'entrée au château, mais que l'on ne pouvait franchir qu'avec beaucoup de difficultés, en s'effaçant et pliant les genoux. Le château était en outre constamment gardé par des sentinelles, et les troupes protestantes allaient et venaient sans cesse dans ce lieu. Divers capitaines religion-

---

(1) Le dimanche 17 mai 1562, le ministre Viret partit de Montpellier ; le jeudi 21, il alla « coucher à Nismes chez M. Chabert, prescha au grand temple le lendemain
« vendredi 22 et le dimanche 24, et le même jour fust fait la cene; le lendemain, 25
« dudit mois, environ six heures de matin, de Nismes s'en alla à St-Privat ; et d'illec
« print son chemin pour aller à Lyon. »
(*Journal de Jean Deyron*. — Ménard, t. IV, *Preuves*, p. 6).
(2) *Ravelin* ou *demi-lune*, pièce de fortification détachée.

naires, d'Acier, lui-même, et le sénéchal de Grille, y résidèrent souvent.

Les témoins ajoutent que le château de St-Privat était si fort, qu'il aurait fallu deux mille coups de canon pour l'abattre (!); et que, d'après le bruit public, la plupart des entreprises et conspirations des partisans de la nouvelle religion s'y étaient tramées et projetées (1).

L'intervention, au xvie siècle, des membres de la famille Faret dans l'organisation religieuse et municipale de Remoulins, comme chefs du parti calviniste, causa de grands désordres dans le pays.

Vers le mois d'octobre 1538, les religionnaires de Remoulins, dirigés par Honorat Faret, tentèrent un coup de main sur l'église paroissiale pour s'y établir, y faire prêcher leurs ministres et s'y livrer à l'exercice de la nouvelle religion. De leur côté, les catholiques, plus nombreux que leurs adversaires, se disposèrent à la défense.

Les deux partis prirent les armes et en vinrent aux mains. Les catholiques, retranchés dans le cimetière et dans l'église, se défendirent vigoureusement, et la face orientale de l'église, occupée en partie par l'un des angles saillants du cimetière, porte encore, à hauteur d'homme, les traces d'un combat acharné. Les religionnaires, repoussés avec perte, se réfugièrent dans leurs maisons et remirent à des temps plus heureux le succès de leur entreprise.

L'année 1561 vit se rallumer, avec plus de violence que jamais, les excès qui avaient signalé, dans le Midi de la France, les commencements de la Réforme.

Le dimanche 16 novembre, les religionnaires de Remoulins, ayant à leur tête Honorat Faret et Loys Colet, se présentèrent devant l'église paroissiale et requirent les

(1) Ménard, t. v, p. 29.

consuls Michel Jaume et Claude Valhen de leur en faire ouvrir la porte, disant : « *qu'ils ne veulent que fere pre-* « *cher la parole de Dieu pour une heure et qu'ils ne* « *veulent poinct empecher* (les catholiques) *de dire leur* « *messe ne leur office, ne rompre ymage aucune, res-* « *pondant soy dissant de tous dommages interestz* » (1).

Les consuls repoussèrent cette demande, disant que les partisans de la nouvelle religion « *pouroient porter preju-* « *dice à leurs persones et biens et aussi à la publicque* « *ecclise* » et demandèrent à Honorat qu'il « *luy pleusse* « *leur dire si la volonté, mandement, aucthorité,* « *licence, commission spéciale et congé est du Roy* « *nostre sire, de fere precher en leur ecclise paro-* « *chiale,* » ajoutant que dans le cas où il ne pourrait justifier de cette permission, ils n'entendent pas « *qu'il la* « *face precher ne aucun ministre se melle de la fere* » et font dresser acte par le notaire Henry de leur protestation (1).

Les réformés de Remoulins ne se tinrent pas pour battus ; ils pénétrèrent dans l'église de vive force, en chassèrent les catholiques et y firent prêcher leurs ministres.

A l'époque où, en 1567, eurent lieu, à Nimes, les massacres de la Michelade, une troupe composée tant des religionnaires de cette ville que de ceux des localités environnantes, envahit Lédenon. Ils y démolirent la maison claustrale et une partie de l'église paroissiale ; ils avaient, même, commencé à rompre les cloches, quand le seigneur de St-Privat, venant à passer, les pria de lui en conserver une des plus grosses qui fut mise en réserve et transportée au château, où elle servit à sonner le prêche pendant le jour et la retraite chaque nuit.

(1) Archives de Remoulins.

Le même jour, le sieur de St-Privat fit enlever les foins, la paille, l'avoine et tout le vin appartenant à l'abbesse de St-Sauveur de la Fontaine de Nimes, qui demeurait réfugiée avec ses religieuses à Lédenon, dont le prieuré était uni à cette abbaye. Il fit emporter toutes ces provisions dans son château, pour l'entretien de la garnison qui s'y trouvait.

Le sieur de St-Privat fit cette expédition de concert avec le capitaine de Grille, sénéchal de Nimes et divers autres religionnaires, au nombre de cinquante ou soixante, les uns à pied, les autres à cheval, tous armés d'arquebuses ; les cavaliers avaient, en outre, des *pistoles* suspendues à l'arçon de leur selle.

A partir de ce moment, les habitants de Lédenon furent contraints, à diverses reprises, de porter au château de St-Privat des moutons, des chevreaux et autres provisions destinées à l'entretien de la garnison (1).

C'est aussi vers la même époque que les religionnaires des environs, excités par Honorat Faret, démolirent la maison claustrale de Remoulins.

Le 23 juin 1555, Antoine de Crussol, vicomte d'Uzès, cède à Jacques Faret, petit-fils de Jacques I, « pour le prix
« et somme de *mille escus d'or au soleil* et de bon poids,
« la valeur de chascun escu estant de deux livres six sols,
« que revient à la somme totale de 2300 livres tournois, »
la moitié du château de St-Privat et ses dépendances, y compris terroir, place, seigneurie et juridiction haute, moyenne et basse *(merum mixtum imperium)* que ledit vicomte a en pariage avec ledit Jacques Faret (2).

A partir de cette époque et jusqu'à l'année 1865, la totalité du domaine de St-Privat n'a pas cessé d'appartenir à la famille Faret.

(1) Ménard, t. v, p. 28-29.
(2) Archives de Remoulins et de Saint-Privat.

Au printemps de 1564, Catherine de Médicis entreprit, avec son fils Charles IX, alors âgé de quatorze ans, un voyage à travers la France, pour se rendre compte de l'état du royaume et chercher à le pacifier. Ce voyage dura deux ans.

Charles IX et sa mère, accompagnés du duc d'Anjou (depuis, Henri III), de Henri de Navarre (depuis, Henri IV), des cardinaux de Bourbon et de Guise, du duc de Longueville, du connétable de Montmorency, du chancelier de Lhospital et de plusieurs autres seigneurs, fit son entrée à Avignon le 24 septembre 1564, parcourut la Provence, en passant par Châteaurenard, St-Rémy, Salon-de-Crau, St-Maximin, Hyères, Toulon, Marseille, Arles et Tarascon, arriva à Beaucaire le 11 décembre et alla, le même jour, coucher à Sernhac. Le roi descendit à l'hôtellerie du Cheval-Vert, mais ne trouvant pas le logis à sa convenance, il préféra, dit-on, passer la nuit dans sa voiture, au milieu de la cour de l'auberge.

Abel Jouan, dans sa relation du voyage de Charles IX (1), rapporte que ce roi alla, le lendemain, 12 décembre, visiter le Pont-du-Gard et dîner à St-Privat, où il fut hébergé par le comte de Crussol, seigneur suzerain du domaine.

Après le dîner, le comte de Crussol, qui avait fait préparer une collation de fruits confits et de sucreries, l'offrit au roi et à sa suite, à leur retour au Pont-du-Gard. Des jeunes filles du pays, vêtues en nymphes, costume un peu léger pour la saison, sortirent tout à coup de la grotte du pont et se montrèrent à la cour, à qui elles présentèrent la collation dont le comte de Crussol avait eu l'idée. Le roi alla, le même soir, coucher à Nimes.

M. H. Rivoire, qui semble avoir pris à tâche de ne citer

---

(1) Pièces fugitives du marquis d'Aubais, t. I, p. 16 du voyage d'Abel Jouan.

que des faits controuvés, raconte (1), d'après Anne Rulman, que lors du second voyage que fit Catherine de Médicis dans le Midi de la France, pour aller à la rencontre de son fils Henri III, à son retour de Pologne, en 1574, cette reine vint à St-Privat, montra à Nostradamus, qui s'était retiré dans ce château, le roi de Navarre tout nu, pour avoir son horoscope, et demanda au prophète provençal son avis sur la bonne ou la mauvaise fortune du prince, *alors âgé de 12 ans.*

Si Rulman est réellement l'auteur de cette version, Ménard a raison de dire qu'il faut se défier de son exactitude, car le fait est entièrement dépourvu de vraisemblance.

En effet, il est certain que Catherine de Médicis ne vint pas à St-Privat en 1574 ; de plus, au retour de Henri III, Henri de Navarre, né le 13 décembre 1553, avait 21 ans et non 12 ans, et Nostradamus, mort à Salon en 1566, n'existait plus. Pour donner à cette anecdote une apparence de vérité, on eût mieux fait de la reporter à l'époque du premier voyage de Catherine avec Charles IX, en 1564, où Henri de Navarre n'était en effet âgé que d'une douzaine d'années. Mais il est prouvé que Nostradamus était alors retiré à Salon-de-Crau, son pays, et que, lorsque Charles IX, visitant la Provence, passa dans cette ville, il demanda à voir son ancien médecin et voulut aussi connaître tous les membres de sa famille : « Et, » dit César Nostradamus, son fils, dans sa *Chronique de Provence*, « ME SOUVIENS FORT BIEN, « CAR JE FUS DE LA PARTIE ».

Du reste, Pierre de Lestoile se chargera du soin de rétablir l'exactitude des faits :

« Il (Henri IV) n'avait que dix à onze ans et était nommé
« le prince de Navarre ou de Béarn, lorsqu'*au retour*

(1) *Statistique du Gard*, t. II, p. 749.

(Pierre de Lestoile se trompe; c'est en allant à Bayonne et non au retour) « du voyage de Bayonne que, le Roy
« Charles IX fit en 1564, estant arrivé avec sa Majesté à
« Salon-de-Crau, en Provence, où Nostradamus faisoit sa
« demeure, il pria son gouverneur qu'il pût voir ce jeune
« prince. Le lendemain, le prince estant nud, à son lever,
« dans le temps que l'on luy donnoit sa chemise, Nostra-
« damus fut introduit dans sa chambre et l'ayant contemplé
« assez longtemps, il dit au gouverneur qu'il auroit tout
« l'héritage, et si Dieu, adjouta-t-il, vous fait grâces de
« vivre jusques là, vous aurez pour maître un Roy de
« France et de Navarre.

« Ce qui sembloit lors incroyable est arrivé en nos jours,
« laquelle histoire prophétique le Roy a depuis raconté
« fort souvent, même à la Reyne, y adjoutant par gaus-
« serie, qu'à cause qu'on tardoit trop à luy bailler la che-
« mise, afin que Nostradamus pût le contempler à l'aise,
« il eut peur qu'on luy vouloit donner le fouet » (1).

L'historien de Nostradamus, Edme Chavigny, ajoute que ce fait eut lieu dans la maison d'un bourgeois de Salon, nommé Pierre Tronc de Codolet.

Au mois d'avril 1570, les troupes protestantes, au nombre de quatre à cinq mille hommes, ayant à leur tête l'amiral de Coligny et Henri de Bourbon ou de Navarre, âgé seulement de seize ans, ravagèrent le diocèse d'Uzès. Ils emportèrent d'assaut le château de St-Privat (2), Castillon, St-Hilaire et Théziers, qui se rendirent à discrétion. Coligny, dit le P. Justin, y fit faire un massacre général des habi-

---

(1) Pierre de Lestoile. — *Journal de Henri III*, t. II, page 2.
(2) Dom Vaissette, t. v, p. 303. — Il nous paraît douteux que le seigneur de St-Privat, étant protestant, ait laissé prendre son château de vive force, à moins qu'une garnison catholique ne lui eût été imposée par Damville.

tants, en sorte que ces villages restèront tout à fait déserts (1).

Jacques II Faret avait épousé en premières noces, le 28 décembre 1550, Sibylle de Forli (2), dont il eut un fils unique, Pierre, deuxième du nom, qui lui succéda.

Pierre II eut de son premier mariage avec Jeanne de Contour un fils du nom de Henri, sieur de Cabanon, qui fut sénéchal de Beaucaire et Nimes de 1639 à 1649, et mourut sans enfants après s'être marié trois fois.

Pierre II épousa en secondes noces, le 16 mai 1590, Sara de Guerry, fille unique de Pierre de Guerry et de Louise de Laudun, seigneurs de Fournès ; c'est par ce mariage que la seigneurie de Fournès et Jalons échut à la famille Faret.

Le 10 juillet 1601, Marguerite de Valois *(la reine Margot)*, première femme de Henri IV, vint prendre les eaux à la fontaine de Meynes et logea au château de Montfrin, chez Marguerite de Lévy, douairière de Lers (3), sa dame d'honneur et épouse d'Albaron, seigneur de Montfrin. La reine repartit le 27 août, et alla, ce même jour, visiter le Pont-du-Gard. Elle fut reçue à St-Privat par Pierre Faret, qui lui donna à dîner sur le Gardon.

Les guerres avec l'Italie et les alliances de la maison de France avec des princesses italiennes avaient, à partir du règne de François Ier, introduit dans la nation française une

---

(1) *Guerres du Comtat Venaissin*, t. II, p. 47.

(2) Ménard la nomme Sibylle de Frilli ou Forlinier, nièce de Pierre de Frilli, évêque d'Apt. Le marquis d'Aubais la désigne sous le nom de Frilli ou Forlini; mais Papon, dans son *Histoire générale de Provence* (t. I, p. 230), nous paraît donner le véritable nom de l'évêque d'Apt, Pierre VII de Forli (*de Forlivio*) qui occupa le siége de cette ville de 1541 à 1557.

(3) Les ruines du château de Lers existent encore sur la rive gauche du Rhône, en face de Roquemaure.

passion effrénée de luxe, qui ne fit que s'accroître sous les derniers Valois.

La simplicité de Henri IV ne modifia en rien l'entraînement général, et le souvenir de l'entrevue du *Camp du drap d'or* où, tels seigneurs « portèrent leurs moulins, leurs « forests et leurs prés sur leurs espaules », fut pendant longtemps l'idéal de la noblesse.

Pierre Faret et son fils Henri furent du nombre de ceux qui subirent ces entraînements ruineux. Ce sont eux qui firent abattre la plupart des anciennes constructions du château de St-Privat, pour l'approprier au goût de leur époque et qui firent élever les bâtiments actuellement existants, compris entre la porte orientale dite *Porte Michel-Ange*, laquelle fut, dès-lors, l'entrée principale, et la petite cour qui, au couchant, précède les cuisines. Grâce à ces modifications importantes, l'air circula plus librement dans les hautes salles voûtées, à travers les larges escaliers et les vastes corridors, et l'habitation de St-Privat prit, à l'intérieur surtout, un cachet de distinction qui ne l'a point abandonné.

Mais les dépenses faites par les Faret père et fils, avaient épuisé leurs capitaux ; ils se virent bientôt obligés de recourir à des emprunts dont les intérêts ne tardèrent pas à diminuer notablement leurs revenus. Ils furent pendant longtemps et à diverses reprises en butte aux poursuites de leurs créanciers.

Après la soumission de Rohan, lors de sa dernière rebellion, sous le ministère de Richelieu, en 1629, la paix fut signée à Alais le 28 juin, et mit fin aux dernières guerres de religion.

Le roi Louis XIII, victorieux de tous ses ennemis, se dirigea sur Nimes, à travers le diocèse d'Uzès. Le 30 juin, une ordonnance royale datée de St-Chaptes, décidait que la paix accordée aux religionnaires serait publiée à Nimes.

Le 1ᵉʳ juillet, le roi recevait la soumission de la ville d'Uzès et venait coucher à Collias le lendemain. Parti de Collias le 3, il fit passer le Pont-du-Gard à son armée, vint, à minuit, coucher à Bezouce, où il établit son camp, y séjourna le 4, fit rédiger, le 5, l'acte de proclamation de la pacification qui fut publié à Nimes le lendemain 6 juillet, et vint, avec sa suite, prendre son logement au château de St-Privat, où tout avait été préparé pour le recevoir (1).

Le 7 juillet il reçut, à St-Privat, la soumission des habitants de Nimes. Le traité de paix fut signé par les religionnaires dans la grande salle du château et l'on procéda au réglement des ôtages qui furent cédés au roi, au nombre de douze, comme garantie de la foi promise. Les noms de ces ôtages furent inscrits au bas de la minute de l'ordonnance de Saint-Chaptes du 30 juin, suivie de la proclamation de Bezouce du 5 juillet :

« Trescol, advocat. — Carlot. — Genoyer. — Jacques
« Rozel. — Bastide, advocat. — Crégut. — Petit, advocat.
« — Fabrot, marchand. — Jacques Bonnal. — Carbonnel,
« bourgeois. — Sayard, marchand. — Bonhomme, ad-
« vocat. »

« Les nommés cy dessus sont les ostages de la ville de
« Nismes que le Roy veult avoir.
« Faict à St-Privat, le 7 juillet 1629.
                « Le Cardinal de Richelieu » (2).

Le roi retourna à Uzès le 10 juillet, y séjourna jusqu'au 14 et fit, ce jour-là, son entrée dans Nimes, où il fut reçu

---

(1) On montre encore au château la chambre et le lit où coucha Louis XIII et qui ont, depuis peu, éprouvé quelques modifications.

(2) Ménard, t. v, pièces justificatives. — C'est de ce traité que veut parler Madame Dunoyer dans ses mémoires. (*Mémoires de Madame Dunoyer*, deuxième partie, p. 383-384.)

avec de grandes acclamations. Il ne resta qu'un jour dans cette ville, vint coucher, le 15, à Montfrin ; prit, pendant quelques jours, les eaux de la fontaine de Meynes et poursuivit ensuite son chemin par Lyon, pour retourner à Paris.

A dater de cette époque, la destinée du château de St-Privat ne présente plus aucun intérêt historique ; les seigneurs qui s'y succèdent, sont :

Pierre II, qui eut de son mariage avec Sara de Guerry, deux enfants : — 1° Charles I, qui suit ; — 2° Bernardine.

Pierre II mourut en 1622. Charles I, son fils, qualifié des titres de seigneur de St-Privat, Fournès et Jalons, épousa, le 9 novembre 1619, Jeanne de Launay, de Picheran, d'Entraigues, dont il eut huit enfants et mourut en 1638. Il eut pour successeur son fils Alexandre, qui épousa Isabeau Dupuy de Montbrun et fut décapité à Paris le 5 novembre 1680, laissant une fille unique, Isabeau-Marguerite, morte empoisonnée le 13 novembre 1681, à l'âge de vingt-deux ans. Alexandre est le premier seigneur de St-Privat qui se qualifie des titres de marquis de St-Privat, Fournès, Jalons et Montfrin.

Charles II succéda à son frère Alexandre, par substitution. Il épousa, en 1683, Anne de Ginestous, dame de Moissac, et mourut le 13 août 1714. Comme nouvellement converti, les prêtres catholiques lui refusèrent les sacrements et la mise en terre sainte. Jean, son fils, lui succéda.

Madame Dunoyer fit, vers 1696, une visite aux châtelains de St-Privat. Le passage suivant, qui s'y rapporte, est extrait de ses mémoires :

« Je me rendis à Nimes, où mes affaires demandaient
« ma présence ; mais je voulus passer par St-Privat, pour
« voir Monsieur et Madame de Fournès, mes bons amis,
« qui nous régalèrent à merveilles et nous firent voir ce fa-

« meux Pont-du-Gard, bâti par les Romains, pour servir
« d'aqueduc.

« Nous visitâmes aussi toutes les beautés de St-Privat,
« le cabinet où la paix fut autrefois signée (1629), le fau-
« teuil (1) dans lequel le Roi s'était assis et quantités d'au-
« tres choses, entre autres une machine sur laquelle on a
« pris le modèle de celle de Marly (2) ; et après avoir bien
« parcouru les appartements et les jardins et avoir fait
« bonne chère, nous continuâmes notre chemin vers
« Nimes » (3).

Jean Faret, seigneur de St-Privat et de Fournès, comte de Faret par l'érection de la terre de Moissac, en vertu de lettres patentes de l'année 1744, autorisant mutation du nom de la seigneurie de Moissac en celui de comté de Faret, épouse, en 1749, au château de Candiac, Hervée Macrine de Montcalm-Saint-Véran, et meurt à Montpellier le 6 novembre 1749, laissant une fille posthume, née le 21 novembre 1749 et morte le 5 juillet 1751. Son frère Jean Henri lui succède.

Jean Henri, auteur de la branche bâtarde, épouse Marie-Louise-Elisabeth de Gabriac, du Bourg-St-Andéol. De ce mariage naît une fille unique, Marie-Anne Faret, qui épouse, en 1773, Jean-Louis-Charles-François de Marsane St-Geniés, de Montélimart.

Jean Henri meurt à Toulouse le 16 juillet 1752, père de quatre enfants illégitimes, dont trois filles et un fils qui fut adopté par sa veuve, sous le nom de Jules-Marie Henri Faret.

(1) Ce fauteuil, qui est bien plutôt un immense canapé, magnifiquement sculpté, donné par Louis XIII à la famille Faret, en souvenir de l'hospitalité qu'il en avait reçue en 1620, n'a disparu du château qu'en 1865, lors de la vente du domaine.

(2) Cette machine n'existe plus depuis très longtemps; elle fut remplacée par un bélier hydraulique.

(3) *Mémoires de Madame Dunoyer,* deuxième partie, p. 383-384.

Jules-Marie-Henri Faret, comte de Faret, marquis de Fournès, colonel du régiment royal de Champagne-cavalerie, maréchal de camp, chevalier de l'ordre royal et militaire de Saint-Louis, seigneur de St-Privat-du-Gard, St-Jean-de-Maruéjols et autres places, conseiller du roi en ses conseils, 90e et dernier sénéchal de Beaucaire et Nimes, député de la noblesse de Nimes aux États-Généraux de 1789; né à Toulouse le 13 janvier 1752, mort au château de St-Privat le 22 décembre 1826 et inhumé dans le caveau de la chapelle, avait épousé Philippine de Broglie, dont il eut deux enfants : 1° Alexandre. — 2° Fulvie, qui épousa M. le marquis de Rennepont.

Alexandre-Auguste-Louis-Philippe-Jules Faret, marquis de Fournès, seigneur de St-Privat, membre du Conseil général du Gard, né à Paris en 1786, mort le 21 août 1844 à St-Privat, épousa Ambroisine-Amanda d'Héricy. Il en eut trois enfants : 1° Arthur-Henri Faret, marquis de Fournès (1), né à St-Privat le 27 novembre 1823 et qui a épousé Mlle Riquet de Caraman.— 2° Robert-Ambroise Faret, comte de Fournès, né à Montpellier en décembre 1826 et qui a épousé Mlle de Mathan, fille de M. le comte de Mathan, ancien pair de France. — 3° Ferdinand-Philippe, mort en 1845 en Normandie, à l'âge d'environ dix ans.

Le domaine de St-Privat, qui avait échu en partage à M. le comte Robert de Fournès, est devenu, en 1865, la propriété de M. T. Calderon.

---

(1) M. le marquis de Fournès a été, en 1862, décoré par le Pape de l'ordre de Saint-Grégoire-le-Grand.

G. CHARVET.

Remoulins, 12 Août 1867.

www.ingramcontent.com/pod-product-compliance
Lightning Source LLC
Chambersburg PA
CBHW060536050426
42451CB00011B/1765